NOTICE

SUR LES

TRAVAUX SCIENTIFIQUES

DE

M. PIERRE WEISS

CORRESPONDANT DE L'INSTITUT
PROFESSEUR A L'UNIVERSITÉ DE STRASBOURG
DIRECTEUR DE L'INSTITUT DE PHYSIQUE

STRASBOURG
IMPRIMERIE ALSACIENNE
1926

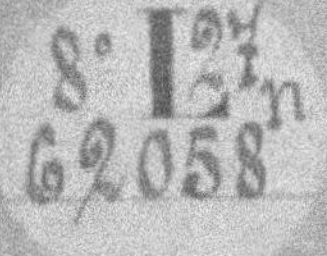

NOTICE

TRAVAUX SCIENTIFIQUES

DE

M. PIERRE WEISS

CORRESPONDANT DE L'INSTITUT
PROFESSEUR A L'UNIVERSITÉ DE STRASBOURG
DIRECTEUR DE L'INSTITUT DE PHYSIQUE

STRASBOURG
IMPRIMERIE ALSACIENNE
1926

BIBLIOGRAPHIE

I. — Ferromagnétisme des cristaux.

1. — Aimantation non isotrope de la magnétite cristallisée (*Comptes Rendus*, t. 122, 1896, p. 1405).

2. — Recherches sur l'aimantation de la magnétite cristallisée et de quelques alliages de fer et d'antimoine (*Thèse* Paris, 1896 et *Éclairage électrique*, t. 7, 1896, p. 487, t. 8, 1896, pp. 56, 105, 248).

3. — Aimantation de la magnétite cristallisée (*Journal de Physique* 3 s. t. 5, 1896, p. 435).

4. — Sur l'aimantation plane de la pyrrhotine (*Comptes Rendus*, t. 126, 1898, p. 1099).

5. — Propriétés de la pyrrhotine dans le plan magnétique (*Comptes Rendus*, t. 140, 1905, p. 1332).

6. — Propriétés magnétiques de l'élément simple de la pyrrhotine (*Comptes Rendus*, t. 140, 1905, p. 1532).

7. — La pyrrhotine, ferromagnétique dans le plan magnétique et paramagnétique perpendiculairement à ce plan (*Comptes Rendus*, t. 140, 1905, p. 1587).

8. — Variation thermique de l'aimantation de la pyrrhotine et de ses groupements cristallins (en collaboration avec J. Kunz) (*Comptes Rendus*, t. 141, 1905, p. 182).

9. — L'hystérèse d'aimantation de la pyrrhotine (*Comptes Rendus*, t. 141, 1905, p. 245).

10. — Propriétés magnétiques de la pyrrhotine (*Journal de Physique*, 4 s., t. 4, 1905, pp. 469, 829).

11. — Variation thermique de l'aimantation de la pyrrhotine (en collaboration avec J. Kunz), (*Journal de Physique*, 4 s., t. 4, p. 847).

12. — La notion de travail appliquée à l'aimantation des cristaux (*Comptes Rendus*, t. 138, 1904, p. 35).

13. — Le travail d'aimantation des cristaux (*Journal de Physique*, 4 s., t. 3, 1904, p. 194).

II. — Champ moléculaire, chaleur spécifique, phénomène magnétocalorique, équation d'état magnétique.

— 7 —

26. — Les isothermes magnétiques du nickel (en collaboration avec R. Forrer), (*Comptes Rendus*, t. 178, 1924, p. 1046).

27. — Sur le phénomène magnétocalorique et la chaleur spécifique du nickel (en collaboration avec R. Forrer), (*Comptes Rendus*, t. 178, 1924, p. 1448).

28. — Phénomène magnétocalorique, aimantation apparente et aimantation vraie (en collaboration avec R. Forrer), (*Comptes Rendus*, t. 178, 1924, p. 1448).

29. — Aimantation spontanée du nickel, Lignes d'égale aimantation (en collaboration avec R. Forrer),(*Comptes Rendus*, t. 178, 1924, p. 1670).

30. — Aimantation et phénomène magnétocalorique du nickel (en collaboration avec R. Forrer) (*Annales de Physique*, 10 s., t. 5, 1926, p. 153).

31. — Equation d'état magnétique et variation du moment atomique (*Comptes Rendus*, t. 180, 1925, p. 358).

III. — Saturation et Loi d'approche, Champs faibles, Hystérèse, Très basses températures, Alliages, Paramagnétisme.

32. — L'intensité d'aimantation à saturation du fer et du nickel (*Comptes Rendus*, t. 145, 1907, p. 1155).

33. — Mesure de l'intensité d'aimantation à saturation en valeur absolue (comprend l'établissement de la Loi d'approche), (*Journal de Physique*, 4 s., t. 9, 1910, p. 373).

34. — Dissipation de l'énergie dans l'aimantation (*Éclairage électrique*, t. 8, 1896, p. 445).

35. — Hystérèse dans les champs tournants (en collaboration avec V. Planer) (*Journal de Physique*, 4 s., t. 7, 1908, p. 5).

36. — Discontinuités de l'aimantation (en collaboration avec G. Ribaud) (*Journal de Physique*, 6 s., t. 4, 1923, p. 153).

37. — Étude de l'aimantation initiale en fonction de la

température (en collaboration avec J. de Freudenreich) (*Archives des Sciences physiques et naturelles*, t. 39, 1915, p. 125 ; t. 42, 1916 pp. 5, 449).

38. — L'aimantation à saturation aux très basses températures (en collaboration avec Kamerlingh Onnes), (*Comptes Rendus*, t. 150, 1910, p. 686).

39. — Sur les propriétés magnétiques du manganèse, vanadium et du chrome (en collaboration avec Kamerlingh Onnes), (*Comptes Rendus* t. 150, 1910, p. 687).

40. — Recherches sur l'aimantation aux très basses températures (en collaboration avec Kamerlingh Onnes), (*Journal de Physique*, 4 s., t. 9, 1910, p. 555 et *Communications, Leiden* n° 114, 1910).

41. — Sur l'aimantation du nickel, du cobalt et des alliages nickel-cobalt (en collaboration avec O. Bloch), (*Comptes Rendus*, t. 153, 1911, p. 941).

42. — Les propriétés ferromagnétiques des alliages et des métaux ferromagnétiques (*Association internationale pour l'Essai des Matériaux. Congrès de Copenhague*, 1909).

43. — Les propriétés magnétiques des alliages ferromagnétiques (*Association internationale pour l'Essai des Matériaux. Congrès de New-York*, 1912).

44. — Magnetic properties of alloys (*Transactions of the Faraday Society*, 1912).

45. — Sur une théorie du paramagnétisme des cristaux (*Comptes Rendus*, t. 155, 1913, p. 1674).

46. — L'aimantation des cristaux et le champ moléculaire (*Comptes Rendus*, t. 156, 1913, p. 1970).

47. — Étude de l'aimantation des corps ferromagnétiques au-dessus du Point de Curie (en collaboration avec G. Foëx) (*Journal de Physique*, 5 s., t. 1, 1911, pp. 274, 744, 805).

48. — Sur le paramagnétisme indépendant de la température (en collaboration avec Mlle Paule Collet), (*Comptes Rendus*, t. 178, 1924, p. 2146).

49. — Sur le paramagnétisme indépendant de la température (*Comptes Rendus*, t. 182, 1926, p. 105).

IV. — Moments atomiques et Magnéton.

50. — Sur une nouvelle propriété de la molécule magnétique
(*Comptes Rendus*, t. 152, 1911, p. 79).

51. — Sur la rationalité des rapports des moments magnétiques des atomes et un nouveau constituant universel de la matière (*Rendus Comptes*, t. 152, 1911,
p. 184).

52. — Sur la grandeur du magnéton déduite des coefficients
d'aimantation des sels de fer (*Comptes Rendus*, t.
152, 1911, p. 367).

53. — Sur le magnéton dans les sels solides paramagnétiques
(*Comptes Rendus*, t. 152, 1911, p. 688).

54. — Sur la rationalité des rapports des moments magnétiques moléculaires et le magnéton (*Journal de
Physique*, 5 s., t. 1, 1911, pp. 900, 965).

55. — Les moments magnétiques des atomes et le magnéton
(Les idées modernes sur la constitution de la matière.
Société française de Physique, 1913).

56. — Sur l'aimantation de l'eau et de l'oxygène (en collaboration avec A. Piccard), (*Comptes Rendus*, t. 155,
1912, p. 1234).

57. — Sur l'aimantation de l'oxyde azotique et le magnéton
(en collaboration avec A. Piccard), (*Comptes Rendus*,
t. 157, 1913, p. 916).

58. — Sur les coefficients d'aimantation de l'oxygène, de
l'oxyde azotique et la théorie du magnéton (en
collaboration avec E. Bauer et A. Piccard), (*Comptes
Rendus*, t. 167, 1918, p. 484).

59. — Sur le moment atomique de l'oxygène. (*Journal de
Physique*, 6 s., t. 4, 1923, p. 153).

60. — De magnetische susceptibiliteit en het aantal magne-
tonen van het nickel in oplossingen van nickelzouten
(en collaboration avec Mlle E. D. Bruins), (*Akad.
Amsterdam*, t. 24, 1915, p. 310).

61. — Magneto-chemisch onderzoek van ferro-zouten in

oplossing (en collaboration avec Mlle Frankamp),
(*Akad. Amsterdam*, t. 24, 1915, p. 318).

62. — Les moments atomiques (*Journal de Physique*, 6 s., t. 5, 1924, p. 129).

V. — Travaux divers.

63. — Mesure du phénomène de Zeeman sur les raies bleues du zinc (en collaboration avec A. Cotton), (*Comptes Rendus*, t. 144, 1907, p. 131).

64. — Mesure du phénomène de Zeeman pour les trois raies bleues du zinc (en collaboration avec A. Cotton), (*Journal de Physique*, 4 s., t. 6, 1907, p. 429).

65. — Sur la biréfringence des liquides organiques (en collaboration avec A. Cotton et H. Mouton), (*Comptes Rendus*, t. 145, 1907, p. 870).

66. — Sur le rapport de la charge à la masse des électrons. Comparaison des valeurs déduites de l'étude du phénomène de Zeeman et de mesures récentes sur les rayons cathodiques (en collaboration avec A. Cotton), (*Comptes Rendus*, t. 147, 1908, p. 968).

67. — Spectres de bandes, d'après quelques notes manuscrites de Ritz et une conversation (*Le Radium*, t. 8, 1911, et *Astrophysical Journal*, t. 35, 1912 p. 75).

68. — Sur une propriété du ferromagnétisme (*Comptes Rendus*, t. 167, 1918, p. 74).

69. — Sur l'équation caractéristique des fluides (*Comptes Rendus*, t. 167, 1918, pp. 232, 293, 364).

70. — Ferromagnétisme et équation des fluides (*Journal de Physique*, 5 s., t. 7, 1917, p. 129).

71. — Calorimétrie des substances ferromagnétiques (en collaboration avec A. Piccard et A. Carrard), (*Archives des Sciences physiques et naturelles*, t. 42, p. 378, t. 43, pp. 22, 113, 199, 1917).

VI. — Instruments et Méthodes de mesure.

VII. — Articles, Conférences, Livres, Notices.

Revue générale des Sciences.

83. — L'hypothèse du champ moléculaire et la propriété
ferromagnétique (t. 19 1908, p. 99).
84. — Le Magnéton (t. 25, 1914, p. 645).

Conférences.

85. — Les progrès récents de l'éclairage électrique (*Bulletin
de la Société française de Physique*, 6 juin 1905).
86. — Télégraphie sans fil (*Bulletin de la Société Industrielle
de Mulhouse*, 1906).
87. — Atomes et molécules à la lumière de recherches magnétiques récentes (*Bulletin de la Société Industrielle
de Mulhouse*, 1912).
88. — La Lumière (*Bulletin de la Société Industrielle de
Mulhouse*, 1920).
89. — Le magnétisme et la constitution des atomes (*Conférence Solvay, Revue scientifique* 1920, p. 645).
90. — Le phénomène magnétocalorique (*Conférence Solvay,
Journal de Physique*, 6 s., t. 1, 1920, p. 161).

Livres et Notices.

91. — Leçons d'électricité appliquée. Courant alternatif,
professées en 1899-1900 à Lyon (autogr.).
92. — Publication des « Œuvres de Walter Ritz » (Paris 1911).
93. — Sur la localisation des corps étrangers dans l'organisme
par la radiographie (Paris 1914).
94. — Les recherches magnétiques au Laboratoire cryogène
de Leyde (Volume jubilaire offert à Kamerlingh
Onnes, Leyde 1922, p. 223).
95. — Le Magnétisme (en collaboration avec G. Foëx), (*un
vol*, Armand Colin, Paris 1926).

INTRODUCTION

Je me propose, dans cet exposé, de résumer très brièvement l'essentiel de mes travaux de recherches. Ils se rapportent presque tous au magnétisme. Mon attention avait été attirée sur cette partie de la Physique par les études d'ingénieur que j'avais faites à Zurich avant mon entrée à l'École Normale et, quand parurent les travaux d'Ewing et sa tentative d'explication des phénomènes magnétiques, ils éveillèrent en moi un vif intérêt. Plus tard, quand j'eus entrepris l'étude du ferromagnétisme, Pierre Curie publia son mémoire si remarquable sur « Les propriétés magnétiques des corps à diverses températures ». Ce travail, qui changeait complètement l'aspect des problèmes en reportant très loin la limite du connu et de l'inconnu, laissait entrevoir toute l'ampleur du sujet que j'avais abordé et m'encourageait dans la poursuite de mes recherches.

Convaincu que la structure microcristalline des métaux ferromagnétiques estompe par un effet de moyenne les propriétés individuelles plus simples des cristaux élémentaires, j'ai cherché à déceler ces propriétés sur des cristaux de grandes dimensions, d'abord ceux de la magnétite, puis ceux de la pyrrhotine.

L'étude de la magnétite m'a permis d'établir que les cristaux cubiques ne se comportent pas vis-à-vis du ferromagnétisme comme des milieux isotropes, mais cette constatation, tout en ayant son intérêt, ne renseignait guère sur le mécanisme de l'aimantation.

Les résultats que m'a donné l'étude de la pyrrhotine ont été beaucoup plus significatifs. J'en ai eu l'intuition aussitôt après avoir constaté que l'aimantation de cette substance restait localisée dans un même plan quelle que soit la direction du champ. J'ai trouvé que ses propriétés magnétiques, au lieu de se traduire par des familles de courbes, comme pour les métaux usuels, s'expriment par un schéma géométrique simple, au moyen d'un petit nombre de constantes caractéristiques.

Un des traits marquants de la pyrrhotine est la netteté avec laquelle ressort la loi de variation thermique de son aimantation à saturation. Je me suis proposé de trouver un mécanisme moléculaire duquel pourrait dériver cette loi. Langevin venait alors d'établir par la mécanique statistique la loi de variation de l'aimantation des gaz parfaits en fonction du champ et de la température. Frappé par l'analogie du problème du ferromagnétisme avec celui de la compressibilité des fluides, déjà signalée par P. Curie, j'ai cherché à adapter la loi du paramagnétisme de Langevin au cas des ferromagnétiques, comme van der Waals avait étendu aux fluides en général la loi de compressibilité des gaz.

On passe du cas des gaz parfaits à celui des fluides par l'addition à la pression extérieure d'une pression interne provenant des attractions qu'exercent entre elles les molécules. J'ai supposé que, dans les ferromagnétiques, à l'effet du champ extérieur s'ajoute celui d'un champ résultant de l'action mutuelle des molécules que j'ai appelé le *champ moléculaire*. De même que les fortes densités des liquides s'expliquent par la grande valeur de la pression interne, les fortes aimantations des ferromagnétiques s'interprètent par l'énormité des champs moléculaires.

Certains résultats obtenus dans l'étude de la pyrrhotine m'ont conduit à définir le champ moléculaire comme un champ proportionnel à l'aimantation et de même direction qu'elle. Jointe à l'équation du paramagnétisme, cette définition permet d'écrire l'équation d'état des ferromagnétiques, c'est-à-dire la relation entre l'aimantation, le champ et la température.

Cette hypothèse du champ moléculaire, après avoir amené la notion d'aimantation spontanée, m'a mis en mesure d'établir, pour la première fois, une loi théorique de variation thermique de l'aimantation à saturation des ferromagnétiques, conforme à celle que l'expérience a donnée pour la pyrrhotine et la magnétite.

Mais la portée de l'hypothèse a dépassé ce résultat en vue duquel elle avait été imaginée. J'indiquerai dans la suite comment elle m'a fait découvrir la véritable nature de l'anomalie des chaleurs spécifiques des ferromagnétiques ainsi que la loi de variation de leur aimantation au-dessus du Point de Curie, et le rôle qu'elle a joué dans l'explication du ferromagnétisme des cristaux et du phénomène magnéto-calorique.

Ce dernier a été découvert fortuitement au cours d'une série de mesures précises sur l'aimantation du nickel, dans une région étendue de champ et de température, destinées à la vérification de l'équation d'état théorique. Une fois connu et étudié, il a donné le moyen de corriger l'aimantation observée de l'effet de son obliquité sur le champ dans les éléments de structure du métal et d'atteindre l'aimantation vraie qui figure dans l'équation d'état.

Tout en poursuivant les conséquences de l'hypothèse du champ moléculaire, j'ai entrepris la détermination des valeurs numériques des moments atomiques dont la connaissance est indispensable à l'édification de toute théorie du magnétisme.

J'ai alors trouvé que tous les moments atomiques connus, aussi bien des para- que des ferrromagnétiques, ont une commune mesure, *le magnéton*. Cette constatation a suscité un grand nombre de travaux et s'est trouvée confirmée par leurs résultats. La discontinuité qui s'était révélée en électricité avec la notion d'électron apparaissait ainsi dans le magnétisme et l'on acquérait un renseignement de plus sur la constitution de l'atome.

Les expériences nombreuses qui concernent les moments atomiques ont montré qu'un même atome peut, suivant les conditions physiques et chimiques, prendre des moments différents qui s'expriment tous par des nombres entiers de magnétons. Le fait que les atomes de nickel existent sous deux états, caractérisés l'un par trois, l'autre par huit magnétons, permet d'établir un accord complet entre les réseaux d'isothermes magnétiques résultant des mesures d'aimantation que j'ai faites sur ce corps et l'équation d'état des ferromagnétiques déduite de l'hypothèse du champ moléculaire.

Ces travaux, commencés à l'Ecole Normale, furent continués à Rennes et à Lyon, puis à Zurich où, avant la guerre, j'ai, pendant douze ans, dirigé l'Institut de Physique de l'Ecole Polytechnique. Au cours de cette période le laboratoire de l'Institut, progressivement adapté aux recherches magnétiques, était devenu un centre de travail en plein rendement.

Les méthodes et la curiosité scientifique, qu'à la Sorbonne et à l'Ecole Normale j'avais acquises au contact des maîtres et des camarades d'études, furent bien accueillies dans le milieu de jeunes ingénieurs où je les apportais. Je n'ai pas été seul à représenter l'influence française dans ce laboratoire ; MM. Fortrat et Foëx y ont poursuivi des études expérimentales dont les résultats ont fait l'objet de deux thèses remarquables soutenues l'une à Paris en 1914, l'autre à Strasbourg en 1922.

Parmi les travailleurs qui ont été pour moi, à cette époque, des collaborateurs précieux, je tiens à citer M. A. Perrier qui dirige maintenant à Lausanne un institut où se font aussi des recherches sur le magnétisme, et M. A. Piccard, actuellement professeur à l'Université de Bruxelles.

J'ai eu le plaisir d'accueillir dans mon laboratoire de Zurich, deux savants de grande valeur, MM. Cabrera et Moles, venus pour se familiariser avec les méthodes qu'on y pratiquait. De retour à Madrid ils ont, avec leurs élèves, produit une série d'importants travaux de magnétochimie inspirés des mêmes idées directrices que ceux qui se faisaient autour de moi.

Je ne saurais oublier qu'une partie importante des résultats que j'ai obtenus sur l'aimantation, celle qui concerne les basses températures, a été acquise grâce au regretté Kamerlingh Onnes qui m'offrit sa collaboration et mit à ma disposition les ressources de son merveilleux laboratoire. Depuis le séjour qu'à cette occasion je fis à Leyde on y a continué les recherches cryomagnétiques.

Pendant la guerre, après quelques semaines employées à des essais de localisation magnétique des projectiles et à un service de radiographie, j'ai mis sur pied avec M. A. Cotton un procédé de repérage des pièces d'artillerie par le son. Au moment de l'Armistice six sections de notre système surveillaient le front entre Prosnes et l'Argonne.

Lorsqu'en 1915 M. Painlevé créa la Direction des Inventions, je fus attaché à la section de Physique et, à ce titre, chargé avec M. Hadamard de la liaison avec le Centre d'Instruction de Tir contre Avions d'Arnouville lès Gonesse.

En 1916, conseillé par M. Painlevé, je cédai aux sollicitations de l'administration de l'Ecole Polytechnique de Zurich et repris possession de ma chaire de Physique.

Deux ans plus tard j'eus la grande satisfaction d'être nommé à Strasbourg. J'y arrivai avec un programme bien arrêté : celui de transporter dans mon nouveau laboratoire le centre de recherches magnétiques que j'avais créé auparavant à Zurich. Grâce aux appuis que j'ai trouvés, à celui notamment de M. le recteur Charléty, Directeur général de l'Instruction publique d'Alsace et Lorraine, grâce aussi à la collaboration active de MM. Ollivier, Ribaud, Bauer et Foëx, mes collègues, et de M. R. Forrer, chef de travaux, ce programme a pu être rempli. L'Institut de Physique de l'Université de Strasbourg qui, sous le régime allemand, avait fini dans une période de vie ralentie, a été entièrement transformé et pourvu d'un matériel nouveau. Des résultats importants y ont déjà été obtenus et, en ce moment, une quinzaine de travailleurs y poursuivent leurs recherches.

I. — Magnétisme des Cristaux.

Magnétite (2). — Mes premières recherches ont porté sur l'aimantation de la magnétite en gros cristaux cubiques que l'on trouve dans la nature.

On admettait alors généralement que les substances cristallisées dans le système cubique sont isotropes quant à leurs propriétés magnétiques. Mes expériences ont montré qu'au contraire l'aimantation varie avec la direction du champ et, le plus souvent, ne coïncide pas avec lui. Pour un champ de grandeur constante qui prend successivement toutes les directions, l'extrémité du vecteur aimantation décrit une surface ayant la symétrie du cube, qui tend vers une sphère quand le champ augmente indéfiniment.

J'ai fait la topographie du phénomène en déterminant, dans certains plans remarquables (face du cube, de l'octaèdre, du dodécaèdre), les composantes de l'aimantation parallèle et perpendiculaire au champ pour toutes les directions de celui-ci. J'ai complété cette étude par le relevé de la courbe d'aimantation suivant les axes de symétrie du cristal. Dans les champs faibles, la facilité d'aimantation croît de l'axe ternaire à l'axe binaire, et de celui-ci à l'axe quaternaire. L'ordre de facilité d'aimantation s'inverse dans les champs plus forts, vers la saturation.

Pyrrhotine (10). — J'ai continué mes recherches sur les phénomènes magnétocristallins par l'étude de la pyrrhotine. Elle existe dans la nature en cristaux qui affectent la forme de prismes hexagonaux.

J'ai remarqué d'abord et confirmé ensuite par des expériences précises que, *quelles que soient la grandeur et la direction du champ, l'aimantation reste contenue avec une grande approximation dans le plan de base du prisme hexagonal* que j'ai appelé le *plan magnétique*.

Les apparences très compliquées et capricieuses des phénomènes magnétiques que j'ai observés dans ce plan ont été ramenées à des effets plus simples à partir du moment où leur examen attentif m'a fait apercevoir que le prisme hexagonal est en réalité un groupement de trois cristaux orthorhombiques, associés sous des angles de 120°, qui se pénètrent mutuellement et se trouvent en proportions variables dans les cristaux naturels. Le magnétisme a ainsi donné le moyen de résoudre un problème délicat de groupement cristallin.

Malgré tous mes efforts, je n'ai pas réussi à isoler le cristal simple, mais j'ai pu en faire une étude complète en déduisant ses propriétés de celles des cristaux naturels complexes. Parmi les traits caractéristiques de cette individualité cristallographique, je relève le suivant qui donne sa physionomie au phénomène : *il y a dans le plan magnétique une direction de facile aimantation et une direction de difficile aimantation rectangulaires.*

Pour interpréter les faits, j'ai décomposé le champ extérieur en deux composantes agissant l'une suivant la direction que prend effectivement l'aimantation, l'autre suivant la direction de difficile aimantation. Cette deuxième composante est proportionnelle à la composante de l'aimantation qui a la même direction qu'elle. Tout se passe comme si elle servait à vaincre un champ interne en relation avec la structure du cristal, que j'ai appelé *champ structural*.

Déduction faite de la part du champ extérieur nécessaire pour surmonter le champ structural, toutes les directions du plan magnétique sont équivalentes.

La propriété du plan magnétique, ainsi que je l'ai signalé, n'est pas absolument rigoureuse. J'ai déterminé la susceptibilité perpendiculaire à ce plan ; elle est très faible. On peut admettre que sa petitesse provient de ce que le champ extérieur doit annuler un deuxième champ structural perpendiculaire au plan magnétique et encore plus intense que le précédent.

Par la considération de ces deux champs structuraux, l'aimantation du cristal de pyrrhotine se trouve ramenée à celle d'une substance isotrope.

En résumé, les propriétés magnétiques réversibles et irréversibles observées dans la pyrrhotine s'expriment au moyen de quatre constantes : l'aimantation à saturation, le champ coercitif et les deux champs structuraux maxima.

— Dans un deuxième travail (11), fait en collaboration avec J. Kunz, j'ai étudié la variation thermique de l'aimantation de la pyrrhotine et étendu, de la température ordinaire jusqu'à la température de disparition du magnétisme fort, la connaissance des lois simples auxquelles obéit l'aimantation de ce cristal.

— Les résultats qui précèdent m'ont permis d'entrevoir le mécanisme des phénomènes dans les ferromagnétiques à structure microcristalline isotropes par compensation, comme les métaux usuels (16). Je suis arrivé ; en effet, à représenter d'une manière satisfaisante une notable partie des propriétés de ces substances (courbes d'aimantation, cycles d'hystérèse) en admettant que chacun de leurs cristaux élémentaires est bâti sur le modèle de la pyrrhotine.

— Mes recherches sur le ferromagnétisme des cristaux ont été développées et précisées dans trois thèses faites sous ma direction, celles de M. Quittner sur l'aimantation de la magnétite cristallisée, de M. Ziegler sur l'aimantation de la pyrrhotine, et de M. Beck sur l'aimantation du fer en grands cristaux (l'aimantation du fer comme celle de la magnétite obéit à la symétrie cubique avec une approximation limitée par la pureté de l'édifice cristallin). Tous ces travaux ont confirmé ce qu'il y avait d'essentiel dans mes conclusions.

II. — La théorie du champ moléculaire.

Équation d'état des ferromagnétiques et champ moléculaire (16). — Je me suis proposé de rechercher l'équation d'état des ferromagnétiques, c'est-à-dire la relation qui donne l'aimantation en fonction du champ et de la température. A cet effet, je me suis appuyé sur la théorie de mécanique statistique que Langevin venait d'établir pour l'aimantation des gaz paramagnétiques. Cette théorie suppose que les molécules, parfaitement libres, ne subissent que les actions de l'agitation thermique et du champ extérieur.

Pour expliquer la forte aimantation que peuvent prendre les ferromagnétiques, j'ai admis que des actions mutuelles d'orientation s'exerçant entre les molécules douées de moment viennent ajouter leur effet à celui du champ extérieur. J'ai exprimé ces actions mutuelles par un champ magnétique que j'ai appelé le *champ moléculaire* et que, par analogie avec les champs structuraux de la pyrrhotine, j'ai supposé *proportionnel à l'intensité d'aimantation et dirigé comme elle*. En procédant ainsi je me servais d'un langage emprunté au magnétisme pour la notation de forces dont la nature restait inconnue. Je dirai plus loin quelle origine on peut leur attribuer.

L'équation d'état des ferromagnétiques s'obtient en remplaçant le champ qui figure dans la loi du paramagnétisme par la somme du champ extérieur et du champ moléculaire.

Aimantation spontanée (16). — En développant les conséquences de l'hypothèse du champ moléculaire combinée à la loi de Langevin, j'ai été conduit à la conclusion suivante : *lorsqu'une substance ferromagnétique est livrée à elle-même, en dehors de tout champ, son état stable n'est pas l'état neutre mais un état fortement aimanté*. Si, fréquemment, cette *aimantation spontanée* n'apparaît pas, c'est que sa direction n'est pas la même dans les différentes parties de la substance et que celle-ci paraît neutre par compensation. L'effet du champ extérieur est de coordonner cette aimantation ; lorsqu'elle est parallèle dans tous les domaines élémentaires la substance est aimantée à saturation. L'aimantation spontanée n'est donc autre que l'aimantation à saturation et, par conséquent, elle est accessible aux mesures.

Variation thermique de l'aimantation spontanée (16). — J'ai déterminé la variation de l'aimantation spontanée en fonction de la température en m'appuyant sur la théorie du champ moléculaire et la loi du paramagnétisme de Langevin.

Elle peut se résumer ainsi :

Au zéro absolu, il n'y a pas d'agitation thermique, le champ moléculaire rend parallèles tous les moments élémentaires ; l'aimantation a la plus grande valeur possible.

Quand la température s'élève, l'agitation thermique détruit progressivement le parallélisme, l'aimantation décroît, et finalement tombe à zéro pour une température caractéristique de la substance que l'on appelle son *Point de Curie*.

Cette loi de variation s'est trouvée conforme aux résultats déjà obtenus dans l'étude de la pyrrhotine. Elle a été vérifié avec une netteté encore plus grande par des expériences que j'ai faites ensuite sur la magnétite. Par contre les métaux ferromagnétiques : fer, nickel, cobalt ne s'accordent que dans les grandes lignes avec la théorie. Je dirai plus loin, à propos de l'équation d'état du nickel, comment j'ai été amené à interpréter les divergences.

Paramagnétisme au-dessus du Point de Curie (16). — J'ai trouvé à l'aide de l'hypothèse du champ moléculaire la loi de variation thermique de la faible susceptibilité des ferromagnétiques au-dessus du Point de Curie. Cette loi remarquablement simple est la suivante : *l'inverse du coefficient d'aimantation est une fonction linéaire de la température ; il est proportionnel à l'excès de la température sur le Point de Curie.*

Cette loi linéaire n'avait pas été aperçue jusqu'alors, mais les données nécessaires à une première vérification existaient dans les résultats si complets obtenus par Curie. Depuis lors, elle a été contrôlée un grand nombre de fois avec une haute précision dans le cas des métaux et des alliages. Sa portée a même été plus considérable que je ne l'avais d'abord soupçonné puisqu'elle s'est vérifiée pour la plupart des composés paramagnétiques, notamment pour les sels solides et quelques-unes de leurs solutions. (Pour cette catégorie de corps c'est l'intersection de la droite des inverses avec l'axe des températures qui définit le Point de Curie). Elle est devenue la clé de l'étude de ces substances, l'inclinaison

de la droite des inverses donne en effet la Constante de Curie
du gaz qui serait formé des mêmes molécules que le corps
considéré, douées des mêmes moments ; or la connaissance
de la Constante de Curie a servi, comme je le dirai plus loin, à
calculer un grand nombre de moments élémentaires.

Champ moléculaire et champs structuraux (16). —
Les propriétés que j'ai mises en évidence en étudiant la pyrrhotine s'interprètent aisément en admettant que le coefficient de proportionnalité du champ moléculaire à l'aimantation prend trois valeurs caractéristiques pour les trois axes
principaux. Les champs structuraux apparaissent alors
comme des déficits de champ moléculaire quand on passe
de la direction de facile aimantation à celle de difficile aimantation dans le plan magnétique, et de la direction de facile
aimantation à celle d'aimantation encore beaucoup plus
difficile, perpendiculaire à ce plan.

Chaleur spécifique des ferromagnétiques (18). — On
savait depuis longtemps que les ferromagnétiques présentent
des anomalies thermiques, mais, plus ou moins tacitement,
on les avait assimilées à des chaleurs de transformation allo-
tropique. La théorie du champ moléculaire montre que leur
origine est autre. En effet, d'après cette théorie, quand
on chauffe une substance du zéro absolu au Point de Curie,
il faut, en plus de la chaleur nécessaire pour l'élévation de
température, fournir une certaine énergie de désaimantation.
Il s'ajoute donc un terme d'origine magnétique à la chaleur
spécifique ordinaire. Au Point de Curie ce terme tombe brus-
quement d'une valeur finie à zéro, entraînant en ce point une
discontinuité de la chaleur spécifique vraie.

Des expériences précises sur les chaleurs spécifiques (en
collaboration avec Paul N.Beck) et d'autres encore plus précises, avec une nouvelle mise au point de la méthode calori-
métrique (en collaboration avec A. Piccard et A. Carrard),
m'ont permis d'établir qu'il se produit effectivement une
discontinuité de la chaleur spécifique vraie, que cette discontinuité a la valeur calculée à partir des données magné-

tiques, et que la température à laquelle elle se produit coïncide avec le Point de Curie.

Phénomène magnétocalorique (24, 30). — Au cours d'un travail fait en collaboration avec A. Piccard, nous avons constaté le fait suivant : *quand on aimante une substance ferromagnétique elle s'échauffe et quand on la désaimante elle se refroidit.* Ce phénomène *magnétocalorique*, que sa réversibilité suffit à distinguer de la chaleur d'hystérèse, est une manifestation de l'énergie mise en jeu par le champ moléculaire. Il n'accompagne que les variations vraies de l'aimantation.

A la température ordinaire un champ agissant sur un corps ferromagnétique produit deux sortes d'effets. Il fait croître la grandeur de l'aimantation spontanée et il fait aussi tourner cette aimantation déjà existante, mais orientée d'une façon quelconque dans les divers domaines élémentaires de la substance ; il en résulte des *variations apparentes* de l'aimantation bien plus considérables que ses *variations vraies*. Aux températures élevées, supérieures au Point de Curie, il n'y a plus d'aimantation spontanée, donc plus de variations apparentes, mais les variations vraies sont très faibles. Ce n'est que dans la région intermédiaire, et plus particulièrement au voisinage du Point de Curie, que les variations vraies de l'aimantation atteignent une grande valeur et que le phénomène magnétocalorique devient notable ; dans les conditions de nos expériences il dépassait un degré.

La thermodynamique permet d'établir à priori les lois suivant lesquelles ce phénomène varie en fonction du champ et de la température. J'ai vérifié les résultats obtenus de cette façon en calculant, à partir du phénomène magnétocalorique et de données purement magnétiques, les chaleurs spécifiques vraies pour des températures s'étendant de la température ordinaire, jusqu'au delà du Point de Curie. Ces chaleurs spécifiques se sont trouvées d'accord avec celles que donnent les mesures calorimétriques directes.

J'ai aussi étudié le phénomène magnétocalorique en fonction de l'intensité d'aimantation et de la température. Il se calcule alors au moyen de la théorie du champ moléculaire et on trouve que *l'élévation réversible de température est proportionnelle à la variation du carré de l'aimantation.*

Ce résultat m'a permis de déduire les courbes d'aimantation vraie à diverses températures des courbes d'aimantation apparente données par l'expérience. Les mesures n'évaluent que l'effet global, dû à la fois aux changement de grandeur et de direction, qui intervient dans les usages pratiques. Mais pour la compréhension des phénomènes, c'est l'aimantation vraie qu'il fallait connaître, et le phénomène magnétocalorique a permis d'atteindre sa valeur.

Sur la nature du champ moléculaire (21, 22). — Quand on calcule la valeur du champ moléculaire dans les métaux, on est surpris de l'énormité des nombres obtenus qui sont de l'ordre de 10^7 gauss. De tels champs sont incompatibles avec les grandeurs connues des moments magnétiques élémentaires. Cependant les valeurs du phénomène magnétocalorique et du terme magnétique de la chaleur spécifique, calculées à partir de ces champs, sont d'accord avec l'expérience. Ce n'est donc pas la grandeur du champ moléculaire qui doit être mise en question mais sa nature magnétique.

Pour m'affranchir de toute hypothèse particulière sur la nature des forces exprimées par le champ moléculaire, j'ai substitué à la définition primitive une autre, équivalente, où il apparaît comme *la dérivée de l'énergie par rapport à l'aimantation.* Plus tard, un rapprochement avec la théorie des diélectriques à pouvoir inducteur spécifique variable avec la température, m'a permis de reconnaître que les actions mutuelles qui s'exercent entre les molécules douées de moment sont probablement d'origine électrostatique. En effet, si l'on calcule à partir des données de l'expérience, pour les diverses substances ferromagnétiques, les moments des dipôles électrostatiques qui produiraient ces actions mutuelles, on trouve des valeurs comprises entre les mêmes limites étroites que les moments des dipôles moléculaires connus par ailleurs.

III. — Notions théoriques sur l'Aimantation des Cristaux.

A l'occasion de l'étude expérimentale de la magnétite et de la pyrrhotine et des travaux de mes élèves MM. Quittner et Beck sur les cristaux ferromagnétiques, j'ai été amené à chercher les relations que la thermodynamique permet d'établir entre les quantités observées (12, 13). Le travail d'aimantation dépensé pour amener la substance de l'état neutre à un état magnétique déterminé doit être indépendant du trajet que suit l'aimantation pour arriver à l'état final. Il doit être le même, par exemple, lorsqu'on aimante à saturation la pyrrhotine dans la direction de facile aimantation et que l'on fait tourner ensuite l'aimantation jusqu'à la direction de difficile aimantation, ou lorsqu'on aimante directement cette substance dans la direction de difficile aimantation. Le calcul fait avec les résultats de mes expériences sur la pyrrhotine vérifie exactement cette conséquence des principes ; les travaux de MM. Quittner et Beck apportent des vérifications analogues concernant la magnétite et le fer en gros cristaux. J'ai montré aussi que l'aimantation, dans un plan perpendiculairement auquel la susceptibilité est constante, n'est fonction que de la composante du champ dans ce plan. Cette proposition s'applique en particulier au plan magnétique de la pyrrhotine et justifie une méthode précise et rapide que j'ai imaginée pour l'étude de l'aimantation dans ce plan. — J'ai été mis en présence d'un autre problème de physique des cristaux lorsque j'ai calculé les moments des sels solides paramagnétiques au moyen de la formule de mécanique statistique établie par Langevin pour les gaz parfaits (45). La régularité des résultats obtenus qui se manifeste par des nombres entiers de magnétons et l'accord de ces nombres avec ceux que l'on trouve dans les solutions justifiaient cette manière de procéder. Mais il n'en était pas moins surprenant que les molécules qui occupent les nœuds des réseaux cristallins et dont la mobilité d'orientation est limitée pussent être traitées comme si, abstractions faite du champ moléculaire, elles étaient parfaitement libres.

Par un raisonnement de mécanique statistique j'ai établi que, dans un cristal cubique, l'influence d'une énergie potentielle d'orientation de la molécule par rapport au réseau s'élimine et que, dans les cas de symétrie moindre, la moyenne des coefficients d'aimantation mesurés dans trois directions rectangulaires est égale au coefficient d'aimantation du gaz formé des mêmes molécules. Dans une poudre cristalline, formée de grains de symétrie quelconque et isotrope en apparence, la mesure donne immédiatement cette moyenne et le coefficient d'aimantation obtenu pour une telle substance est encore celui du gaz parfait formé des mêmes molécules.

IV. — L'hystérèse dans les champs alternatifs et les champs tournants.

Ewing avait annoncé comme conséquence de son schéma moléculaire que l'énergie dissipée par hystérèse dans un champ tournant doit tendre vers zéro quand l'aimantation s'approche de la saturation. Cette propriété avait été vérifiée d'une manière approximative par Baily. Elle est contenue aussi dans les résultats de mes expériences sur la pyrrhotine et doit, par conséquent, se retrouver dans les métaux à structure cristalline si, comme je l'ai supposé, leurs éléments sont construits sur le modèle de la pyrrhotine.

J'ai tenu à soumettre cette interprétation à une vérification expérimentale précise (35). En collaboration avec V. Planer, j'ai mesuré avec une technique spécialement mise au point l'énergie dissipée par hystérèse dans les champs tournants pour la pyrrhotine, le nickel, le fer et l'acier. Les champs employés ont dépassé 8000 g. Pour toutes ces substances l'énergie d'hystérèse tournante est nulle à la saturation.

Nous avons établi, en outre, la loi de variation des énergies d'hystérèse dans les champs tournants et dans les champs alternatifs en fonction de l'intensité d'aimantation et trouvé, en particulier, que dans les champs alternatifs le maximum de l'énergie d'hystérèse est approximativement le double de celui que l'on observe dans les champs tournants.

V. — Intensité d'Aimantation à Saturation.

Loi d'approche (33). — On savait depuis longtemps que l'aimantation dans les champs intenses tend asymptotiquement vers une valeur limite. Mais, malgré de nombreuses recherches, la loi suivant laquelle se fait l'approche de la saturation n'était pas connue. La raison en était sans doute la difficulté de l'expérience ; en effet les champs de quelques milliers de gauss que l'on obtenait alors avec des bobines sans fer étaient insuffisants ; et si, comme Ewing l'a fait le premier, on employait des électro-aimants puissants, la précision des mesures était compromise par la répercussion de l'aimantation de la substance employée sur celle des pièces polaires.

Je me suis aussi servi d'un électro-aimant, mais j'ai repris la discussion des expériences en utilisant la notion *d'images magnétiques* analogues aux images électriques de Lord Kelvin. Elle m'a fourni un procédé de calcul enfermant les erreurs d'expérience dans des limites connues et m'a permis, par des mesures s'étendant jusqu'à des champs de l'ordre de 8000 g. où l'écart de la saturation n'est plus que de 1 ou 2 millièmes, d'établir que *la loi d'approche est hyperbolique*. La distance entre la courbe et l'asymptote est un infiniment petit du même ordre que l'inverse du champ.

Aimantation à saturation à la température ordinaire (33). — Une fois la loi d'approche connue, on obtenait aisément l'aimantation à saturation, qui n'est autre que l'aimantation spontanée. Je l'ai déduite, pour le fer, le nickel et la magnétite, des expériences mêmes qui avaient servi à établir la loi d'approche. Pour le cobalt, magnétiquement très dur par suite de sa forte anisotropie cristalline, la valeur limite est restée inaccessible.

Aimantation à saturation aux très basses températures (38, 40). — Les premières vérifications de la loi de variation de l'aimantation spontanée avec la température n'avaient porté que sur l'intervalle de la température ordinaire au Point de Curie. Il était intéressant de les étendre jusqu'aux températures extrêmement basses où, par suite de la disparition de l'agitation thermique, la saturation absolue est atteinte et l'aimantation devenue égale à la somme des moments élémentaires.

En collaboration avec Kamerlingh Onnes, grâce aux possibilités exceptionnelles qu'offrait le laboratoire cryogène qu'il avait su créer à Leyde, j'ai pu atteindre, dans les mesures d'aimantation, la température de congélation de l'hydrogène liquide, 14° abs. Les valeurs trouvées pour le nickel et le fer ont joué un rôle important dans la détermination des moments élémentaires.

VI. — Les moments atomiques.

Moments atomiques et magnéton (62). — Il est indispensable pour la compréhension des phénomènes para- et ferromagnétiques de connaître les moments élémentaires dont ils sont les manifestations. Ces moments sont ceux des molécules, mais dans le cas de beaucoup le plus fréquent où la molécule ne contient qu'un atome magnétique, le moment de la molécule se confond avec celui de l'atome. J'ai calculé le moment de l'atome-gramme à partir des données expérimentales ; celui de l'atome lui-même s'en déduit immédiatement par la connaissance du nombre d'Avogadro.

J'ai obtenu les moments atomiques par deux procédés différents :

1º Lorsque dans le voisinage du zéro absolu une substance ferromagnétique est aimantée à saturation, son moment est la somme des moments des atomes qu'elle contient. Il suffit de connaître ce moment pour avoir celui de l'atome-gramme. La mesure de l'aimantation aux basses températures donne donc le moment atomique.

2° L'étude des paramagnétiques est une source indirecte mais abondante de moments atomiques. En effet, la théorie statistique donne pour cette catégorie de corps le moment atomique à partir de la Constante de Curie. Or la théorie du champ moléculaire permet, comme je l'ai indiqué précédemment, de déduire de la variation thermique du coefficient d'aimantation d'une substance paramagnétique quelconque, la Constante de Curie qu'aurait le gaz parfait formé des mêmes molécules.

En 1911, ayant réuni un certain nombre de moments atomiques déterminés par les deux procédés, j'ai constaté que *tous ces moments étaient des multiples entiers d'un même moment plus élémentaire* que j'ai appelé *le magnéton*. Depuis lors bien d'autres moments atomiques ont été mesurés et trouvés égaux à des nombres entiers de magnétons.

Moments déterminés par la méthode des basses températures (62). — Parmi les moments déterminés par la méthode des basses températures sont ceux du fer et du nickel sur lesquels, avec Kamerlingh Onnes, j'avais fait des mesures dans l'hydrogène liquide. Le moment du fer a été trouvé égal à 11 magnétons, celui du nickel à 3 magnétons. C'est à ces deux déterminations que j'ai emprunté la valeur numérique la plus sûre du magnéton. Rapportée à l'atome-gramme elle est égale à 1123 c.g.s. Quelques autres moments ont encore été déterminés de cette manière par mes élèves, au cours d'une étude systématique de l'aimantation des alliages des métaux ferromagnétiques entre eux. Le cobalt, nous l'avons vu est trop dur magnétiquement pour être aimanté à saturation, mais les moments des nickel-cobalts et des ferrocobalts qui obéissent à la loi des mélanges donnent les uns et les autres sans ambiguïté 9 magnétons pour le cobalt. L'étude des ferrocobalts a fait connaître en outre la combinaison Fe^2Co qui renferme 36 magnétons par molécule, soit en moyenne 12 par atome, sans que l'on puisse dire comment ils se répartissent entre les atomes de fer et ceux de cobalt. Cet alliage, plus magnétique que ses constituants, a souvent été reproduit avec des propriétés constantes et il est entré dans la pratique des laboratoires. Mais, plus encore que pour son utilité, il est intéressant parce qu'il met une évidence une propriété importante de l'atome, *la faculté de prendre plusieurs moments, tous multiples entiers du magnéton*, suivant l'état physique ou les liaisons chimiques.

Dans une étude récente des ferronickels que M. Peschard a faite dans mon laboratoire, il a trouvé que les deux composés définis $Fe^2 Ni$ et $Fe^3 Ni^2$, ainsi que leurs mélanges, possédant exactement 9 magnétons par atome.

Moments déterminés par la Constante de Curie (62) — Les moments déterminés indirectement au moyen de la constante de Curie sont de beaucoup les plus nombreux.

a) *Métaux*. — Certains proviennent de l'étude des métaux ferro- et paramagnétiques aux hautes températures. C'est ainsi que le moment du nickel a été trouvé égal à 8 magnétons entre 480° et 880°. Cette détermination a été faite plusieurs fois par mes collaborateurs et moi-même avec un résultat toujours identique.

Un de mes élèves, M. Kopp, a trouvé pour le palladium 8 magnétons et pour le platine deux états caractérisés par 8 et 9 magnétons.

b) *Sels en solution*. — De très nombreuses mesures de coefficients d'aimantation ont été faites sur les paramagnétiques en solution, les unes sous ma direction, d'autres par Cabrera et ses collaborateurs. Ces coefficients varient le plus souvent avec la dilution ; en voici la cause : il y a dans une solution plusieurs porteurs de moments magnétiques, ions de différentes espèces et produits d'hydrolyse, dont les moments ne sont généralement pas les mêmes et dont les proportions dépendent de la concentration. Ce que l'on mesure, c'est la moyenne quadratique de ces moments qui varie avec la concentration. Les cas simples dans lesquels les solutions ne renferment qu'un seul porteur de moment se rencontrent en général aux concentrations limites, ou très fortes ou très faibles, et en même temps apparaissent les nombres entiers de magnétons.

On trouve ainsi, dans les solutions de leurs sels, le fer avec 25, 26, 27 et 29 magnétons, le cobalt avec 24 et 25 magnétons, le chrome avec 18 et 19 magnétons. Quant au nickel, il donne uniformément 16 magnétons, les différents ions ont le même moment.

Les sels de manganèse en solution semblaient faire exception, ils conduisaient à un nombre fractionnaire de magnétons : 29,3. Mais Cabrera, en étudiant la variation thermique de l'aimantation de ces solutions, a établi qu'elles ont un Point de Curie différent du zéro absolu, alors que les calculs étaient faits en supposant le coefficient d'aimantation des solutions inversement proportionnel à la température absolue comme celui des gaz parfaits. Le moment atomique du manganèse, corrigé par Cabrera, est, avec une grande précision, égal à 28 magnétons et l'exception apparente rentre ainsi dans la règle.

Une autre valeur fractionnaire 24,5 avait été fournie par les solutions de certains sels de cobalt. Ici encore l'étude de la variation thermique de l'aimantation faite à Strasbourg par M. Châtillon a montré que le Point de Curie diffère du zéro absolu et que la valeur correcte du moment atomique est 25 magnétons.

c) *Sels solides.* — Alors que dans les solutions le Point de Curie ne s'écartait qu'exceptionnellement du zéro absolu, on trouve que dans les sels solides il en diffère le plus souvent. Il faut donc dans tous les cas étudier la variation thermique de l'aimantation pour avoir le moment. Des mesures précises ont été faites par Foëx et Théodoridès, sous ma direction, et par Honda et les physiciens de son école au Japon. Elles donnent encore des nombres entiers de magnétons, les mêmes, en général, que ceux que fournit l'étude des solutions.

De toutes les mesures dont il vient d'être question résulte une vue d'ensemble des moments des atomes de la famille du fer dans leurs combinaisons. Il en ressort que, plus encore dans les sels qu'à l'état libre, le même atome peut prendre un grand nombre de moments, tous multiples entiers du magnéton, et l'on voit, après l'avoir déjà constaté par l'étude des radiations, que l'atome est loin d'être l'édifice invariable que l'on supposait autrefois.

Le magnéton déduit de la famille du fer, qui se retrouve dans le cas du platine et du palladium, est aussi la commune mesure des moments atomiques d'une autre famille d'éléments très nombreux, celle des terres rares, ainsi que l'a établi une étude expérimentale de l'aimantation de ces corps faite et discutée avec soin par Cabrera.

Les moments atomiques et les quanta. — Il y a quelques années plusieurs physiciens ont montré que l'on peut déduire de la théorie des quanta un moment universel dont les moments atomiques seraient des multiples entiers. Fait remarquable, ce *magnéton de Bohr* est exactement égal à 5 fois celui que j'avais, bien avant, déduit de l'expérience et que, pour éviter les confusions, j'appelle maintenant *magnéton expérimental*.

Plus récemment, les expériences de Gerlach sont venues montrer que, dans certains corps simples à l'état gazeux où l'étage extérieur de l'atome est formé d'un électron unique, le moment atomique est en effet un magnéton de Bohr. Les 10 magnétons que j'ai trouvés pour l'atome d'oxygène par des expériences très précises, faites en collaboration avec MM. E. Bauer et A. Piccard, s'accordent avec cette conséquence de la théorie des quanta, comme d'ailleurs aussi avec le magnéton expérimental.

Mais lorsque les physiciens de l'école de Sommerfeld essayent de contester la validité de la commune mesure cinq fois plus petite que le magnéton de Bohr et d'expliquer, au moyen de ce dernier, la grandeur des paramagnétismes observés, ils se mettent en contradiction avec l'expérience. Pour que les moments, calculés d'après leurs hypothèses, soient des multiples entiers du magnéton de Bohr, ils sont obligés d'admettre que les déterminations expérimentales faites jusqu'ici sont entachées d'erreurs grossières. En particulier, ils sont forcés de supposer que les différents moments trouvés pour un même atome, dans le cas, par exemple du fer et du cobalt en solution, sont l'expression du flou de la mesure d'une même quantité, alors qu'au contraire chacune des valeurs a été déterminée avec une haute précision.

Il y a encore un autre argument pour s'en tenir au magnéton expérimental. Si, comme le suppose l'école de Sommerfeld, la formule de Langevin utilisée pour le calcul des moments devait être modifiée par l'application des règles de quantification, on ne voit pas comment les moments qu'elle donne sous sa forme actuelle pourraient avoir la même commune mesure que ceux qui ont été déterminés aux basses températures, par une méthode qui ne fait pas intervenir cette formule.

En résumé, le moment de l'orbite d'un électron isolé tournant autour d'un centre positif est égal à un magnéton de Bohr ou à 5 magnétons expérimentaux. Mais, dans les édifices atomiques plus compliqués, l'expérience montre que le moment de l'atome est un multiple entier du magnéton expérimental. C'est à la théorie d'interpréter ce fait ; quand elle aura réussi à déduire le magnéton expérimental des règles de la dynamique de l'atome, un progrès important aura été réalisé.

VII. — Equation d'état magnétique du nickel et variation du moment atomique.

L'hypothèse du champ moléculaire greffée sur la loi du paramagnétisme donne ainsi que je l'ai dit l'équation d'état des ferromagnétiques (16). J'ai montré comment cette hypothèse a été vérifiée, notamment par la variation thermique de l'aimantation spontanée, celle du coefficient d'aimantation au-dessus du Point de Curie, l'anomalie magnétique des chaleurs spécifiques, le phénomène magnétocalorique et et l'aimantation des cristaux. Mais j'ai signalé aussi certains écarts entre l'expérience et la théorie. Pour soumettre celle-ci à une épreuve décisive, il importait d'aborder le problème de l'équation d'état dans toute sa généralité. En même temps, l'examen des divergences qui subsistaient pouvait amener de nouveaux progrès dans la connaissance du mécanisme moléculaire des phénomènes. Je m'attendais à ce que l'expérience révélât des régions de champ et de température où la théorie représente exactement les faits, séparés par des zones de changements d'état. On verra que la solution trouvée est différente de ces prévisions, mais non sans parenté avec elles.

L'acquisition des matériaux pour l'établissement de l'équation d'état d'un ferromagnétique — j'ai choisi le cas du nickel — est un travail de longue haleine, nécessitent de nombreuses observations pour lesquelles une haute précision est indispensable. De 1907 à 1925 je l'ai refait plusieurs fois, en employant diverses méthodes parmi lesquelles je cite celle du couple maximum exercé sur un ellipsoïde, que j'ai imaginée à cette occasion, et plusieurs variantes de la méthode d'induction. J'ai été secondé par des physiciens de valeur, MM. A. Piccard et R. Forrer, qui ont apporté d'importantes contributions à la technique expérimentale et fait les mesures en collaboration avec moi.

C'est au cours des déterminations faites avec M. A. Piccard que nous avons découvert le phénomène magnétocalorique (24) dont la connaissance a joué un rôle important dans nos recherches. Il a permis en effet, comme nous l'avons vu, de déduire des isothermes de l'aimantation apparente, altérées par l'obliquité de l'aimantation sur le champ, les isothermes de l'aimantation vraie qui figurent dans l'équation d'état.

La discussion (30) des résultats précis obtenus dans ces déterminations qui embrassent l'intervalle des températures de 14° abs. à 1100° abs. et des champs de 0 à 20,000 gauss a conduit à une conclusion bien nette : les phénomènes magnétiques présentent une continuité parfaite dans toute la région explorée. D'autre part, on savait déjà que le moment atomique du nickel est de 3 magnétons au zéro absolu et de 8 magnétons au-dessus de 700° abs. Il y a donc bien un changement d'état, mais il est progressif; c'est un phénomène statistique, le nickel se comportant comme un alliage de deux métaux, les nickels à 3 et à 8 magnétons, dont le titre varierait en fonction du champ et de la température (31).

La théorie ainsi modifiée, non seulement rend compte

exactement des faits observés, mais en reçoit une importante confirmation. En effet, les titres du mélange des deux nickels déduits des mesures faits au-dessous du Point de Curie se raccordent avec ceux que l'on obtient au-dessus de ce point. On réussit ainsi pour la première fois à mettre quantitativement en rapport les unes avec les autres les observations faites dans ces deux régions sur une même substance. Il resterait, pour que le problème fut entièrement résolu, à connaître les lois auxquelles obéit le changement de moment.

VIII. — Paramagnétisme constant.

Tandis que la grande majorité des composés paramagnétiques obéit à la loi de Curie ou à la loi plus générale de la variation linéaire de l'inverse du coefficient d'aimantation, la plupart des corps simples paramagnétiques y font exception avec leur coefficient d'aimantation *indépendant de la température*.

Ce paramagnétisme constant est jusqu'ici inexpliqué. Cependant en réunissant les valeurs connues de ces coefficients d'aimantation invariables et en y ajoutant les déterminations nouvelles faites à Strasbourg, j'ai, en collaboration avec Mlle Collet, fait un rapprochement qui contient l'ébauche d'une interprétation possible (48).

Quand on porte ces coefficients constants en fonction des nombres atomiques des éléments auxquels ils se rapportent, on obtient une courbe régulière qui a une grande parenté avec celle qui représente les moments des ions en fonction du nombre des électrons qu'ils contiennent. Le parallélisme de ces deux courbes nous a suggéré l'idée que les atomes à paramagnétisme constant pourraient avoir le même moment que les ions qui renferment le même nombre d'électrons qu'eux.

Ce paramagnétisme constant ne se rencontre pas seulement dans les corps simples ; Mlle Collet l'a trouvé aussi dans deux sels en solution, le bichromate de potassium et le chlorure lutéocobaltique. J'ai montré (49) que le fait que ces substances n'obéissent pas à la loi de Curie empêche d'attribuer leur aimantation à une orientation statistique des molécules et oblige à en rechercher l'origine à l'intérieur de l'atome.

IX. — Phénomène de Zeeman.

En 1907 nous avons fait, M. A. Cotton et moi, une étude du phénomène de Zeeman, estimant que, dans les déterminations antérieures, les champs magnétiques n'avaient pas été mesurés avec une précision suffisante (63, 64).

Nous avons établi que la séparation est proportionnelle au champ, propriété qui avait été mise en doute, et nous avons donné pour la constante du phénomène un nombre que nous avons estimé exact à 1 % près. Ce nombre s'écartait beaucoup de celui qui était admis alors et ne s'accordait pas davantage avec celui que l'on déduisait du rapport de la charge à la masse de l'électron.

Depuis lors de nouvelles déterminations du phénomène de Zeeman sont venues confirmer le résultat de nos expériences ; notamment une mesure très précise faite plus tard par M. Fortrat dans mon laboratoire de Zurich concorde avec la nôtre à deux millièmes près.

Les déterminations plus récentes du rapport de la charge à la masse de l'électron sont, elles aussi, d'accord avec notre nombre (66).

X. — Instruments.

Les travaux que je viens de résumer ont souvent nécessité des modifications ou des perfectionnements d'appareils. Je me bornerai à décrire ceux qui concernent le spectrographe et l'électro-aimant.

Spectrographe (81). — Au cours de recherches se rattachant au phénomène de Zeeman, j'avais été arrêté par la luminosité insuffisante des réseaux. J'ai alors essayé de réaliser un spectrographe à prisme de grand pouvoir de résolution. La forme d'appareil à laquelle je me suis arrêté est un spectrographe autocollimateur à six prismes, entièrement en quartz. J'ai éliminé les difficultés qui proviennent de l'anisotropie de cette substance, en plaçant, conformément à une suggestion ingénieuse de M. A. Cotton, l'axe optique de toutes les pièces (lentille d'éclairage, prisme à réflexion totale, objectif et train de prismes) perpendiculairement au plan d'incidence des prismes. Le rayon extraordinaire était éteint par suite de l'emploi de lumière polarisée ; le quartz ne travaillait ainsi qu'avec le rayon ordinaire et se comportait comme un milieu isotrope.

Les qualités de cet appareil ont été mises en évidence dans un travail important de magnéto-optique que M. Fortrat a fait quelques années plus tard, dans mon laboratoire, et au cours duquel il a découvert la simplification des bandes spectrales par le champ magnétique.

Electro-aimant (7c, 8c). — J'ai spécialement étudié l'électro-aimant qui joue un rôle essentiel dans la plupart des recherches magnétiques. Le problème est complexe. Il s'agit de trouver la forme de circuit magnétique, la place et le nombre des ampères-tours qui permettent d'obtenir des champs intenses dans des volumes suffisants. Il est également important de réaliser des champs constants et de protéger les appareils d'étude contre les dégagements de chaleur dus au courant d'excitation.

J'ai, le premier je crois, donné au circuit magnétique une section variable, croissante à partir des pôles, de manière à corriger l'effet des pertes de flux par des accroissements de section. Je me suis approché ainsi de la solution idéale, préconisée depuis par M. Villard, qui consiste à ne produire la saturation du fer que là où elle est vraiment utile, c'est-à-dire aux pôles mêmes.

D'autre part, j'ai bobiné l'électro avec du tube de cuivre dont la matière reçoit le courant, la cavité étant parcourue par de l'eau servant à la réfrigération. Le régime rapidement variable des anciens appareils est ainsi remplacé par un régime permanent ; il est facile de maintenir la température constante à un dixième de degré près, et la durée d'une expérience peut être aussi longue que le permet la source de courant.

L'intensité des champs que l'on peut réaliser est limitée par la saturation de la matière qui forme les pôles. Or, on possède un alliage plus magnétique que le fer : le ferrocobalt que j'ai signalé à propos des moments atomiques et dans lequel l'intensité d'aimantation est, tout compte fait, de 12 % supérieure à celle du fer à la température ordinaire. On réalise sur le champ un gain presque du même ordre en faisant les pièces polaires avec du ferrocobalt.

En collaboration avec M. A. Cotton, j'ai étudié un projet d'électro-aimant de grande puissance dans lequel étaient utilisés les perfectionnements que je viens de décrire. Retardée par la guerre, la réalisation de ce projet a été reprise récemment par M. Cotton avec le concours de l'Académie des Sciences et de la Direction des Inventions.

9 782329 231303